27

$L\,n\ 16130.$

VIE POLITIQUE

DE

JÉROME PÉTION,

Ci-devant Maire de Paris, ex-député à la Convention-nationale, et traître à la République française.

Quantum mutatus ab illo ! VIRG.

AMI lecteur, j'ai cru intéresser ta curiosité, et décourager les ennemis de ton bonheur et de ta liberté, en m'étant occupé à recueillir les détails de la vie politique de Jérôme Pétion qui a joué un si grand rôle dans l'assemblée constituante, dans l'administration municipale, et récemment dans la convention-nationale, du sein de laquelle ses intrigues anti-républicaines l'ont écarté et le livreront sans doute au glaive de la loi. Il est important, il est nécessaire à tout fidèle patriote, de connoître les replis du cœur humain; j'en ai pour preuves les artifices, les ruses, les moyens dont s'est servi Jérôme Pétion, pour ramener le peuple sous le joug du tyran et lui forger des fers qu'il ne pourroit plus secouer, s'il n'étoit éclairé sur les odieuses, et infernales manœuvres des traitres qui ont joui de sa confiance.

Jérôme Pétion est un de ces hommes qu'il est d'autant plus utile d'approfondir, qu'il a eu plus d'art pour nous séduire et nous tromper. Sa conduite tortueuse et long-tems énigmatique, suffit pour nous apprendre qu'il faut étudier les hommes en place avant de leur prodiguer des éloges extravagans, et de leur accorder les témoignages d'une admiration précoce. C'est le reproche mérité qu'on fait aux Français de s'extasier sur les talens, les actions et les vertus des hommes en place... L'expérience nous a démontré tant de fois les inconséquences de notre ridicule enthousiasme et de nos louanges fondées sur l'espoir incertain qu'un homme s'en rendra digne.

Il est sage d'animer nos représentans à faire le bien en offrant à leurs yeux les modèles qui ont mérité de la patrie, mais il est inconsidéré de mettre en parallele des hommes qu'on ne connoît pas, qui n'ont rien fait, avec des personnages illustres, honorés après leur mort de l'admiration et de la reconnoissance de la postérité. Nous avons tous les jours la douleur et le regret d'être forcés de rétracter nos hommages et d'éteindre notre encens.

Ce n'est donc que quand on est mort au monde et retiré des affaires, qu'on a des droits à l'estime des survivans. L'apothéose ne doit être la récompense des hommes que quand ils sont ensevelis dans le tombeau. C'est alors seulement qu'ils sont grands ou petits.

Vous avez exalté, chanté, divinisé Jérôme Pétion comme Mirabeau; vous les avez regardés comme vos défenseurs, vos amis, vos bienfaiteurs; n'avez-vous pas aujourd'hui de grands motifs pour déplorer votre illusion?

En deux mots voici mon histoire;
dans Paris j'étois Adoré;
tout y retentissoit de mon nom, de magloire
Aujourd'hui j'y Suis Abhorré.

VIE POLITIQUE

DE

JÉROME PÉTION,

Ci-devant Maire de Paris, ex-député à la Convention-nationale, et traître à la République française.

Quantum mutatus ab illo ! VIRG.

UN homme tel que celui dont j'écris la vie, n'est point un homme ordinaire. Sa vie intéressera la postérité la plus reculée, qui aura peine à croire, qu'il ait existé dans ce siècle de lumières, où la philosophie et la politique président à tous les gouvernemens de l'Europe, et dirigent les cabinets des rois et des républiques, un traître assez adroit pour colorer ses perfidies avec le talent de se faire aimer et chérir d'un grand peuple éclairé, mais trop sensible et trop confiant.

Il est en effet inconcevable, que la nation française ait presque toujours été trompée et trahie successivement par les hommes à qui elle a décerné les honneurs et le timon de son gouvernement. Sans compulser les annales de la monarchie, que de perfides, que de monstres ont, depuis la révolution et sur-tout, la constitution républicaine, abusés nous abu-sent en ce moment critique, et nous abuseront malgré la sagesse de nos précautions ! Est-ce donc une fatalité attachée à notre climat, ou à nos mœurs et à notre éducation, que les hommes en place deviennent si fréquemment des égoïstes, des ambitieux et des fripons ? Est-il donc dans le caractère général des Fran-çais de perdre tout sentiment d'honneur et de probité en accumulant les dignités sur leur tête et en amoncelant les biens ? Pourquoi les diffé-rens peuples n'ont-ils que très-rarement à se plaindre des hommes qu'ils revêtent de leurs autorités, qu'ils investissent de leurs pouvoirs? Ce désagrément continuel dont nous sommes

les

les tristes victimes, est-il l'effet de la légereté de nos préposés, ou seulement de notre mauvais choix?

A bien réfléchir sur cette importante ques-tion (qui sous tous les rapports ne nous fait honneur) on perdroit la tête, et les Français si glorieux et si vains, rabattroient de leur pré-somption en reconnoissant que les nations étrangères sont en général plus fidelles qu'eux. Ils seroient forcés de convenir que ceux qui les gouvernent et les commandent, sont ani-més d'un patriotisme plus constant et plus chaud que nos chefs, qui pour la plupart ne sont que des glorieux tourmentés de la soif de l'or ou dévorés d'ambition. A nous apprécier et nous juger par la conduite de ceux qui nous gouvernent, il y a lieu de croire que nous som-mes fous et imbécilles. Les intrigans seuls réussissent en France, eux seuls parviennent au sommet de la fortune et de la gloire pour peu qu'ils ayent d'adresse. Il leur suffit d'affec-ter du mépris pour les places qu'ils brûlent d'obtenir; leur patelinage leur tient lieu de mérite, de vertu et de capacité. Le talent de se faire des prosélytes, des proneurs, n'est pas rare en ce pays. Avec quelques diners et du papier monnoie, on séduit, on trompe les affamés parasites qui sentant bien qu'ils ne peuvent rien être par eux-mêmes , sont tout disposés à proclamer ceux qui les salarient et les abreuvent, de préférence à un homme intègre qui se tient à l'écart par la raison qu'il se croiroit avili , deshonoré , s'il sollicitoit une place qu'il croit qu'on doit lui offrir.

Pourquoi les opérations vont-elles si lentement et si mal ? l'énigme n'est pas difficile. C'est que les employés ne sont pas à leurs places, c'est que ceux qui dirigent, devroient être dirigés. Cet abus douloureux fera toujours le malheur de la France. En tout autre pays les hommes sont plus long-temps éprouvés , aussi sont-ils baucoup moins trompés et conséquemment mieux servis.

J'ajoute à cette réflexion que les traitres et les dilapidateurs y sont mieux observés et plus rigoureusement punis, en raison que les peuples sont moins confiants et moins précipités à préconiser un personage qu'ils n'ont pas profondément étudié. Plus prudents que nous, leur défiance leur évite des chagrins, des pertes et des remords que notre inconséquence, notre légéreté nous préparent tous les jours.

Jérôme Pétion fils d'un procureur de Chartres,
ville capitale de la Beauce, reçu de la nature
tous les avantages. Son père homme avide et
intéressé jusqu'à la friponnerie comme l'ont
été tous les hommes de sa profession dans l'an-
cien régime, et comme le sont encore ceux
qui leur ont succedé sous d'autres dénomina-
tion, (∗) ne négligea rien ponr l'éducation de
son fils. Il le fit étudier d'abord et passer successivement par tous tous les dégrès d'instruction,
qui achèvent de perfectionner un esprit laborieux,
et naturellement intelligent. A la fin de ses
études, Jérôme Pétion prit le parti du barreau
et exerça avec distinction la profession d'avocat
à Chartres. Le père restreint aux frauduleuses
formes de la pratique et de la basse chicane,
voyoit avec une satisfaction mêlée de quelque
amour propre et de vanité, son fils commenter
éloquemment les *Cujas*, les *Bartole*, les *Loiseau*
et tant d'autres légistes renommés seulement
dans les cabinets des juris-consultes modernes,

(∗) Il est triste et douloureux d'observer que dans
tous les pays, que dans tous les temps, les hommes
qui ont interpreté, prononcé les loix, out été des im-
posteurs, des fripons, et qu'on n'ait point encore trouvé
un remède aux abus attachés à ce malheureux état.

mais embrouillés, verbeux et aussi méprisés partout ailleurs qu'en effet méprisables. La triste science que notre jurisprudence à la faveur de laquelle les coquins astucieux trouvent des moyens pour ruiner les honnêtes gens , pour dépouiller le foible et le pauvre, pour opprimer la veuve et l'orphelin! Doctrine funeste au genre humain qui a usurpé l'empire de la raison et de la vérité, Que de maux tes cavillations, tes explications obscures in-intelligibles n'ont pas faits sur la terre!

Le père *Petion* qui n'étoit que procureur, regardoit un avocat comme un homme très-éclairé, un personnage respectable et utile. Il étoit loin de se douter qu'un avocat réduit à la simple connoissance, à la seule étude des auteurs juridiques, est un être stupide et borné, un ennuyeux babillard, un acteur insupportable, s'il ne répare point l'aridité , la sécheresse de sa profession par les graces de l'élocution, les fleurs de la littérature, la connoissance de l'histoire, les lumières de la philosophie, l'énergie du sentiment, un heureux concours de talens naturels fortifiés d'une aimable et profonde érudition. Un avocat doit être rhéteur, logicien, poëte coloriste, et sur-tout un orateur doué d'un bel organe, d'une voix sonore et d'une figure majestueuse. Il ne doit pas courir après les expressions, les inversions, il faut pour intéresser qu'il écrive comme *Elie de Baumont,* et qu'il parle comme parloient *Cochin* et *Gerbier.* Sans ces attributs précieux et rares, il ennuye, il assomme, il endort, et nous abuse en nous volant. D'après ce tableau qu'il y a peu de bons avocats, et que c'est à juste titre que les hommes de sens et de goût les méprisent.

Mais *Pétion* sans posséder tous ces avantages n'étoit pas sans mérite. Il parle assez bien, écrit passablement, sent vivement, est pénétrant et délicat. Il n'a rien à regretter pour le phisique, sa taille, sa figure, sa douceur, son urbanité préviennent en sa faveur. C'est un homme aimable et très-aimable. Pourquoi faut-il qu'il soit pervers! Je souffre en le blâmant, en l'accusant, j'aurois beaucoup de plaisir à le louer.

A l'intant de la convocation des états-généraux les Chartrains jettèrent les yeux sur *Pétion* et le députèrent pour leur représentant. Ils avoient oublié les écarts de sa jeunesse, ses friponneries dans l'exercice de son état, ils étoient seulement frappés de sa petite éloquence, et en cette considération ils le préférèrent à tous ses rivaux.

Pétion arrivé à Paris, à l'assemblée des états-généraux qui prit bientôt le titre d'assemblée constituante se montra fort bien. Il servit avec chaleur les intérêts du peuple, il combattit éloquemment les ci-devant grands seigneurs, la défunte noblesse et le clergé ambitieux. Il affecta une popularité enchanteresse, plaida sans cesse contre les concussionnaires sang-sues de la France. Comme il étoit sans fortune, et qu'il n'en avoit point à espérer de son père qui vit encore, mais qui a sçu divertir le fruit de ses rapines, il travailla pour s'en procurer. Il se jetta à corps perdu dans le parti des plébéiens et se rendit redoutable au ci-devant monarque et à toute la cour. En coopérant à la confiscation des biens du clergé, à l'expulsion des moines, des évêques et des prêtres insermentés, il se fit aimer du peuple et détester des ambitieux fortunés.

Pétion fit sa fortune par un chemin tout opposé à celui qu'on prend ordinairement pour s'enrichir. C'est un raffinement de ruse et de politique de sa part. Les autres ont cajolé les matadors opulents, en leurs faisant bassement la cour, en devenant leurs pensionnaires, leurs gagistes, leurs parasites. Ce rôle dégradant

leur cause, leur attire souvent des mortifications
et des humiliations, mais cette sorte d'adula-
teurs sont cuirassés et n'ont point d'ame, ils
sont habitués à dévorer les affronts, enfin ils
écoutent, ils reçoivent avec complaisance une
injure, une outrage pour un écu. Cette ma-
nière d'exister leur devient une habitude, ils
en font un état, un commerce.

Ce principe n'étoit point celui de *Pétion*,
qui est né sensible et glorieux. Ce législateur
sentit que pour s'engraisser sans ramper il
falloit qu'il se fît craindre du tyran et de ses
accolytes dorés ; il affecta un patriotisme sé-
rieux, il porta des coups violens à tous les
ci-devans fortunés, qui pour faire taire leur
ennemi n'entrevirent pas d'autre moyen que
de le séduire par l'appas de l'or. *Pétion* se
montra d'abord difficile, résista à la séduction,
pour se rendre plus cher et tirer un parti
plus avantageux de sa trahison. Cette astuce
lui réussit à merveille, il se fit compter des
sommes prodigieuses, il puisa dans toutes les
bourses, et pour toute reconnoissance il se tût,
ne monta que très-rarement à la tribune, encore
étoit-ce pour y prononcer de ces motions in-
conséquentes, inexplicables, sur lesquelles tous

les partis ne peuvent rien déterminer, parce qu'ils ne les conçoivent pas, ou qu'ils peuvent s'en faire tous une application favorable et conforme à leurs opinions. Par la ressource de ce dol, quand *Pétion* parla, il parla pour ne rien dire ; mais il sentoit qu'il falloit qu'il parla pour ne pas laisser pénétrer aux patriotes qu'il les abandonnoit, et pour faire croire aux royalistes qu'il étoit de leur parti.

Cette conduite raisonnée et intéressée est bien celle d'un fourbe qui trompe tout le monde, pour voler tout le monde, et conserver sa réputation. *Pétion*, fin et adroit, se ménagea dans tous les esprits, il voyoit les grands qui le combloient d'accueils et de bienfaits, il étoit leur convive, leur ami ; il étoit aimé, applaudi du pauvre peuple, pour lequel il sembloit s'apitoyer. Ces deux classes différentes étoient satisfaites, c'en étoit assez. Il étoit en outre membre des clubs patriotiques, dont il étoit l'observateur et l'espion. Les patriotes, qui étoient de bonne foi, le regardoient comme leur meilleur ami, et se félicitoient de le posséder sur leur bord. Ils ne se doutoient de rien, *Pétion* jouissoit de leur pleine confiance.

À l'époque

(17)

À l'époque du 21 juin 1791 , quand le ci-
devant despote s'évada clandestinement et noc-
turnement de Paris, avec sa famille , et fut
arrêté à Varennes, *Pétion* étoit l'idole de
l'assemblée constituante et des parisiens ; aussi
fut-il par une suite de la confiance qu'on avoit
en lui, et de la prédilection qu'on lui portoit,
proclamé un des deux députés (*) envoyés à
Varennes , pour ramener ce roi transfuge et
sa famille. On s'imaginoit qu'il useroit dans
cette commission d'une rigidité qui auroit été
l'effet de la flame patriotique.

Pétion et son collègue firent tout le con-
traire ; ils auroient bien voulu favoriser les
fuyards dans leur évasion ; mais ne le pouvant,
ils firent une cour galante à *Marie-Antoinette*.
Ils étoient dans le fond du cœur ses amans
rivaux ; son imbécile, son grossier mari, à qui
la perverse autrichienne a tant de fois fait
éprouver le sort de *Vulcain*, ne voyoit rien,
ne se doutoit de rien ; il buvoit et dormoit
pendant le tems de la route. Je ne fais aucun
reproche aux parisiens et à toute la France
d'avoir pris le change ; car il faudroit que je

____

(*) l'Autre député étoit ce petit Bernave égale-
ment traitre à la Patrie.

C

commençasse par me l'adresser à moi-même ; j'ai été trompé comme tout le monde ; il n'y avoit que les initiés dans le mystère qui savoient le fin mot.

On pressent bien que la coquette, que la fine *Antoinette* eut beaucoup d'avantage à subjuguer les cœurs et les esprits de ces deux *Adonis*, qu'elle leur promit beaucoup, pour en tirer des promesses d'un résultat différent. Cette ci-devant reine de France, et ensuite des Français, leur tint exactement parole ; elle leur fit de superbes cadeaux et leur prodigua l'or et l'argent. *Pétion* et *Barnave* ne purent effectuer leurs promesses ; ils étoient observés de si près que la chose étoit trop difficile. *Barnave*, impatient, étourdi, ne pût conserver son masque plus long-tems, il montra sa figure naturelle ; il découvrit ses véritables opinions, s'afficha royaliste avec d'autant plus de précipitation, que libre encore de tout engagement matrimonial, les frères de *Lameth*, seigneurs fortunés et courtisans, lui promirent de lui faire épouser leur sœur unique, de qui il recevroit une fortune au-dessus de ses prétentions et de ses espérances. Mademoiselle de *Lameth* étoit jeune et jolie : que de raisons puissantes pour décider un amant ambitieux! Ie me rappelle à ce sujet ces deux vers de *Voltaire* :

. . . . La fortune et l'amour
Sont deux aveugles nés qui gouvernent le monde.

Barnave fut présenté a mademoiselle de *Lameth* , par ses frères ; il en fut reçu comme un amant protégé dont on veut faire promptement son mari. La bénédiction nuptiale ne tarda pas à cimenter leurs liaisons amoureuses. Ces deux cœurs étoient pressés de jouir, et souffroient du besoin d'aimer. *Barnave*, devenu riche, et honorablement allié, montra un mépris outrageant pour le peuple, le maltraita dans ses motions, ses discours. Ce n'étoit plus ce fier, ce courageux votant pour les intérêts des villes et des campagnes, qui ferme patriote, se mesura plusieurs fois contre *Cazalès*, aristocrate forcené, et avoit terminé ses discussions oratoires en se battant avec lui. *Barnave* avoit embrassé l'ennemi qu'il avoit blessé, l'harmonie de la paix, la conformité d'opinions les avoient réunis ; en un mot, *Barnave*, ci-devant maire de Grenoble, n'avoit plus que les sentimens de sa nouvelle famille, il étoit *Lamétisé, Cazalisé, Maurysé*; mais plus léger, plus inconséquent que *Cazalès* et l'abbé *Maury*, plus paresseux aussi, et plus attaché à ses plaisirs; il s'ennuya de pérorer en faveur de *l'aristocratie* qu'il aimoit, en sa qualité d'*aristocrate* adépte. Il s'étoit attiré la juste indignation du peuple par son odieuse perfidie, il en craignoit la vengeance; dans cette circonstance il disparu pour voler dans les bras de sa jeune épouse.

Pétion n'avoit pas le même rôle à jouer; il étoit lié, il avoit femme et enfans; il usa de finesse et voulut toujours plaire aux deux partis. C'étoit le seul moyen pour tirer d'un sac deux moutures. Il se conserva l'amitié d'*Antoinette*, peut-être même son amour, et captiva l'estime des patriotes. Les grands le gratifioient, il étoit secrettement l'ame de leur conseil, de leurs correspondances; il amusoit le peuple en s'affichant son ami, son protecteur. Je n'ai jamais été la dupe des politesses, de l'affabilité de *Lafayette*, j'ai toujours démêlé sur sa figure la perversité d'un courtisan; mais *Pétion* m'a trompé.

Au moment que l'assemblé constituante se sépara, pour faire place à la seconde législature *Pétion* disparut; mais il ne fut point oublié.

Il avoit eu le talent de se faire aimer si gé-
ralement, qu'on se ressouvenoit de lui, et
qu'on le regrettoit. Quelques disgraces vraies
ou imaginées, dont il se plaignit publiquement
dans certaines affiches, enflammèrent le cœur
des parisiens de l'ardeur de le venger. Le
noir, le faux, l'avide *Bailly* étoit forcé de
céder les rênes de la municipalité. Alors on
ne s'occupa plus que du désir de lui donner
Pétion pour successeur; il fut, malgré les
intrigues de quelques ambitieux, proclamé
à grands cris maire de la capitale de France,
à la grande majorité des électeurs choisis par
le peuple.

- Il le faut avouer, *Pétion* monté sur le trône
municipal, affecta une popularité qui détrui-
si toute la mauvaise impression que *Bailly*
avoit laissée après lui. *Bailly* étoit généra-
lement détesté ; on savoit qu'il étoit dur par
caractère, qu'il avoit coopéré au massacre des
patriotes au Champ-de-Mars, à Vincennes, etc.,
de concert avec *Lafayette*; on n'avoit pas oublié qu'il avoit été le premier à démontrer la
nécessité de déployer le drapeau rouge, et à
faire proclamer la loi martiale. Il avoit fait
commettre et toléré des assassinats de tout

genre. Les cendres de ses victimes fumoient encore, et l'accusoient éloquemment ; les manes plaintives des citoyens égorgés, leurs pères, leurs épouses, que dis-je, les épouses même massacrées imploroient à grands cris, de la nation entière, une juste vengeance. Des familles désolées maudissoient *Bailly* et *Lafayette*, le nom de ces deux assassins coalisés contre les patriotes, étoit en exécration. Mais l'assemblée constituante, aveugle sur ces deux monstres, étoit restée sourde à toutes les imprécations des parisiens ; le mal étoit violent le remède étoit désespéré ; le règne de *Bailly* et de *Lafayette* avoit duré trop long-tems, et les avoit mis à portée de porter des coups d'autant plus incurrables, qu'ils avoient été clandestins, et que les auteurs de nos blessures avoient trouvé les moyens de se disculper, et d'être même applaudis et protégés par la législature et la cour.

Le peuple parisien ne désiroit que le renouvellement de ces deux officiers indignes de leurs places. Dans ces circonstances épineuses, *Pétion* parut comme un soleil bienfaisant après un orage affreux. L'espérance renaît dans tous les cœurs. L'amabilité de *Pétion* prévient, tout le monde est bien accueilli; le premier et le dernier s'en retournent contens. Il ne faisoit aucune ecxeption de personne. Il donnoit une audience affectueuse aux plus pauvres comme aux plus fortunés. Il se déclaroit ouvertement l'ami des sans-culottes, qui, par représaille, l'aimoient et l'exaltoient jusqu'aux nues.

On doit convenir que *Pétion*, se conduisit très-populairement dans son extérieur. On doit le louer d'avoir ménagé le sang du peuple, et de n'avoir jamais voulu faire usage du drapeau rouge, et promulguer la loi martiale. Il eut le secret de se faire chérir et respecter au point qu'il alloit seul et souvent de nuit appaiser des séditions, de querelles populaires, il lui suffisoit de se montrer pour être écouté, obéi. Il parloit avec une douceur enchanteresse, il persuadoit, et les mécontens dociles à ses remontrances, à ses ordres, se retiroient paisiblement en lui faisant des excuses et lui demandant pardon.

Telle est la conduite, tel est le caractère du peuple français, qu'il révère jusqu'à l'idolâtrie ceux qu'il a rendu dépositaire de son autorité, quand il croit fermement qu'ils méritent sa confiance. Malheureusement pour lui c'est qu'il la donne trop vîte; voilà pourquoi il est si souvent trompé.

On se souvient que *Pétion* jalousé par le Département de Paris fut suspendu de ses fonctions municipales, ainsi que *Manuel* alors procureur de la commune. C'étoit quelque jours avant la célébration de la fête nationale au champ de Mars le 14 juillet, sous les yeux de la seconde législature. *Pétion* s'adressa directement a l'assemblée nationale pour être relevé de son interdiction. Les législateurs forcèrent le ci - devant roi à donner sous 24 heures son assentiment ou son improbation à cette suspension. Ce monarque toujours mal environné, mal conseillé, applaudit le département du coup qu'il avoit porté au maire de Paris, et vint lui-même à l'assemblé nationale confirmer la supension de *Pétion*. L'assemblée des législateurs suprêmes n'eut aucun égard a la décision du monarque, *Pétion* fut réintégré sur le champ, reparut le même soir à la ville, à côté de son père et de ses amis qui pleuroient de joye et d'attendrissement. Le département enrageoit, Bourbon Capet juroit, mais en vain.

L'assemblée natichale agit très-sagement dans cette circonstance. C'étoit le lendemain la fête
annuelle

annuelle de la révolution, si *Manuel* et sur-
tout *Pétion* n'avoient point été réintégrés, la
fête n'auroit pas eu lieu. Les députés de tous
les départemens, accourus pour se joindre aux
parisiens, auroient sans doute signalé leur
mécontentement. Quelques sections de Paris,
avoient déjà crié, menacé de ne point se rendre
au champ de Mars sans le rappel de *Pétion*
qui étoit adoré, il seroit arrivé ce jour-là des
évènemens funestes qui auroient pu occasionner
une subitte contre-révolution que le monarque
et ses adhérents désiroient, mais que la pru-
dence de l'assemblée nationale sut prévenir.

De ce que Louis XVI n'a pas a l'époque
de l'interdiction de *Pétion*, démontré pour lui
une protection particulière, il n'en faut pas con-
clure qu'il ne l'aimoit point, il étoit son courtisan secret ; mais la circonstance étoit favorable
pour hater la secousse de la domination du peuple
et pour reprendre la verge du despotisme en
profitant de nos divisions intestines, et armant
tous les bras de ses protégés, de ses amis qui
qui formoient une classe très-nombreuse. *Pétion*
n'en resta pas moins dans les bonnes graces du
tyran qui après la mémorable affaire du 10 Août
1792, et au moment d'être transféré de la cour

D

du manège au temple, lui emprunta une somme considérable. *Pétion* la lui porta généreusement et ôsa la reclamer ensuite devant la convention nationale qui commit une grande faute en la lui faisant payer par le trésor national, c'est-à-dire par le peuple.

Après que la royauté fut abolie, que sur ses ruines furent jeté les fondemens de la république, *Pétion* qui venoit de quitter la mairie, *Pétion* qui étoit regreté dans cette place éminente, qui y étoit rappellé par tous les scrutins et les ballotages, malgré ses refus prétextés qui forcèrent le peuple à se choisir un autre citoyen pour maire. *Pétion* dis-je resta toujours l'ami du roi, de la reine, et de leur famille. Il alloit les voir étant élu député à la convention nationale comme quand il présidoit les municipaux. Il continuoit de faire sa cour. La chronique a publié qu'il étoit à *Marie Antoinette* quelque chose de plus que son confident. J'en sens bien la possibilité, mais pourrois-je l'assurer ? en galantèrie on peut très-rarement affirmer, on ne peut que douter et conjecturer. pour certifier un fait, il faut l'avoir vu ; et en amour les acteurs évitent très-soigneusement les témoins. Les apparences et les suites ont seulement prouvé que *Pétion* est tombé dans les filets d'*Antoinette* et de son mari, qu'ils avoient séduit son esprit sans doute par de magnifiques promesses qui l'ont encouragé à les servir au point de se compromettre.

En effet, *Pétion* malgré tous les ressorts de sa finesse, commença a se dévoiler et à se perdre quand il fut question d'articuler à haute voix son opinion pour le jugement du gros *Capet*. L'appel nominal avoit été décrété, tous les députés étoient contraints de monter successivement à la tribune et de prononcer clairement leurs arrêts.

Manuel alors sécretaire du président de la convention, vouloit comme *Pétion* sauver le roi de l'infamie du supplice, mais il s'y étoit pris trop gauchement en dénaturant les opinions et multipliant trop grossièrement les votans pour la réclusion du monarque criminel, ces votans qui avoient opiné pour la mort, reconnurent à la simple lecture l'artifice de *Manuel*, artifice qui causa sa disgrace et qui le décida à se retirer spontanément de l'assemblée nationale, sous des prétextes aussi mauvais que ses ruses avoient été peu réfléchies. La mine étoit éven-

tée, alors on eut recours à un second appel
nominal qui fut plus exact et plus fidèle.

Pétion par un autre dol bien mieux voilé,
vota pour la mort de Louis XVI, mais soutint
que ce n'étoit point a la convention de juger
le monarque, que la nation entière en avoit
le droit, que toutes les assemblées primaires du
peuple devoient être convoquées à cet effet.
Cette ruse étoit adroite et profonde. Comme
tous les départemens, toutes les municipalités
ne se seroient pas trouvés d'accord, que beaucoup de corporations différentes auroient pu
être gagnées par la pluie d'or qui subjugua
Danaé, il en seroit résulté si le sentiment de
Pétion eut été suivi que le feu de la guerre
civile auroit embrasé la France entière, que
les provinces se seroient divisées, que les
puissances étrangères coalisées contre nous auroient profité de cette désunion, que non-seule-
ment le tyran eut échapé à la peine qu'il mé-
ritoit mais qu'il eut remonté glorieusement sur
le trône, et que cruellement vindicatif, il auroit
écrasé sous sa massue despotique tous les ré-
publicains Français, que la génération présente
et la suivante auroient infailliblement été ex-
terminées, qu'on auroit supprimé jusqu'aux mots

de *république d'égalité* de *liberté*, que pour ôter le moindre souvenir de notre heureuse révolution, on auroit sappé les fondemens des obélisques, des monuments qui éterniseront le souvenir de notre courage et de notre héroïsme. Des colonies étrangères, seroient arrivées des quatre coins de l'univers pour peupler ce superbe sol dont les enfans légitimes auroient été anéantis et pulvérisés. La lumière eut fait place aux ténèbres, adieu aux sciences, aux arts, aux talens, à l'industrie. Les découvertes, les travaux de vingt siècles eussent été perdus. L'ignorance auroit régné a côté du tyran et de ses imbéciles courtisans.

Lorsque je réfléchi au plan infernal de *Pétion* qui en auroit été victime lui-même, et que j'en calcule les suites affreuses, j'en frémis d'horreur, tous mes sens se glacent.

Oh! que ce monstre est rusé, dangéreux et barbare, sous l'apparence des attributs les plus précieux, les qualités les plus aimables, sous les déhors de sa sensibilité, de la compassion, de l'humanité, de la générosité, de la douceur et de la bienfaisance. Est-il possible que le crime puisse ainsi se parer du coloris de la vertu?

Pétion dirat-il que ses intentions ont toujours

(30)

été pures, que je défigure son portrait, que je
lui prête des forfaits imaginaires? Lecteur! s'il
osoit l'articuler, je le confondrois à vos yeux.
Je lui demanderois pourquoi il ne siégeoit pas
a côté des patriotes, des répulicains, pourquoi
il avoit cessé de se montrer et de parler dans
les assemblées des Jacobins. Je l'interpellerois
de me dire pourquoi il s'est déclaré le chef,
l'orateur et l'ami des scélérats de la *plaine* contre
nos bienfaiteurs de la *montagne*, pourquoi il
étoit le parasite de opulents aristocrates, des
persécuteurs du peuple, des intriguants, pourquoi il étoit le protecteur des traîtres qui ont
épuisé leur imagination pour nous enchaîner
et nous anéantir. Je le sommerois de me dé-
clarer comment d'idole de la nation Française
il en est devenu l'horreur, comment il est par-
venu à perdre l'estime de ses honorables et
vertueux collegues qu'il a forcé de le chasser,
de l'accuser, de le resserrer, de le poursuivre
quand il a fui clandestinement pour s'armer
contre sa patrie, et je finirois par lui reprocher
tous les crimes qui l'ont forcé de chercher,
sur une terre étrangère et parmi les ennemis de sa patrie un azile qu'on n'acorde
jamais volontier à un traître. qu'el tristre

rôlle pour un homme qu'un grand peuple avoit appelé aux fonctions augustes de législateur ! mais en quelque coin de la terre qu'il puisse se réfugier poura-t'il se dérober à sa consience, que poura-t'il lui répondre lorsqu'elle lui retracera que pour prix de ses forfaits il n'a obtenu que l'exécration d'une grande nation qui à voué sa mémoire à l'infamie réservée à tous ceux qui auront le malheur de lui ressembler.